Il Grande Reset 2021

Crisi Alimentare, Collasso Eco
Energia; NWO - Costruire Indietro Meglio e
l'Accordo Verde

Rebel Press Media

Disclaimer

I nostri altri libri

Dai un'occhiata ai nostri altri libri per altre notizie non riportate, fatti esposti e verità sfatate, e altro ancora.

Unisciti all'esclusivo Rebel Press Media Circle!

Riceverai nella tua casella di posta elettronica ogni venerdì un nuovo aggiornamento sulla realtà non raccontata.

Iscriviti qui oggi:

https://campsite.bio/rebelpressmedia

Introduzione

L'Europa finirà in una crisi di sistema totale - In questo momento la Germania sta già dando la colpa ai "cyber attacchi" (da parte dei "russi", ovviamente), che per il momento dovranno preparare la popolazione per una grande guerra - "lo 0,025% di morti non giustifica la distruzione dell'economia mondiale

Il "Grande Reset" della nostra società stabile e prospera, deliberatamente messo in moto sotto le mentite spoglie di un virus delle vie respiratorie, sta per farsi sentire ancora più duramente. Sempre più indicazioni suggeriscono che l'Europa sta andando verso una crisi alimentare con prezzi alle stelle. Nel frattempo, i politici e la stampa continuano a scaricare, giustificare e a volte persino applaudire tutta la responsabilità della miseria che è già stata causata e che è in arrivo.

L'indice dei prezzi alimentari (FFPI) dell'Organizzazione delle Nazioni Unite per l'alimentazione e l'agricoltura (FAO) è salito di 2,3 punti (2,2%) in un mese a 107,5 nel dicembre 2020, il settimo aumento consecutivo. L'FFPI era a soli 53,1 punti nel 2002, ha raggiunto un picco di 131,9 nel 2011 a causa della crisi finanziaria, prima di scendere a poco meno di 100.

Tabella dei contenuti

Disclaimer 1

I nostri altri libri 2

Introduzione 3

Tabella dei contenuti 4

Capitolo 1: La prossima crisi alimentare, energetica e
bancaria 5

Capitolo 2: grandi disordini sociali dovuti alla crisi
alimentare (e forse alla guerra) 8

Capitolo 3: I prossimi 10 anni 12

Capitolo 4: Fase finale della nostra civiltà? 15

Capitolo 5: L'ultimo impero mondiale 19

Capitolo 6: La crisi bancaria 23

Capitolo 7: L'accordo verde 33

Capitolo 8: Combustibili fossili 49

Capitolo 9: Compost umano 53

I nostri altri libri 59

Capitolo 1: La prossima crisi alimentare, energetica e bancaria

Man mano che i politici sfruttano le mutazioni corona perfettamente normali, naturali e per la stragrande maggioranza delle persone innocue per estendere e/o espandere le misure di blocco e le restrizioni alla libertà, le linee di approvvigionamento alimentare dovranno affrontare problemi simili a quelli che l'industria elettronica sta affrontando ora (grande carenza di microchip).

In Germania, ci sono già avvisi che la carenza di frutta e verdura è imminente. Hanno anche già identificato una cosiddetta causa: cyber-attacchi, di cui naturalmente "i russi" saranno incolpati. Il miserabile Forum Economico Mondiale di Klaus Schwab, il genio del male dietro il "Grande Reset", prevede anche attacchi informatici alla rete elettrica e al settore bancario.

Incolpare gli altri per ciò che tu stesso causi

Inoltre, lentamente ma inesorabilmente il cibo e l'energia di base diventeranno inaccessibili, insieme ai grandi problemi con i conti bancari e i pagamenti online, dovrebbero prepararvi ad accettare una grande guerra, probabilmente contro la Russia. In realtà, le interruzioni di energia saranno causate dal passaggio dal carbone, dal petrolio e dal gas, perché di per sé è necessario passare all'inaffidabile e costoso vento, al solare e alla biomassa. Inoltre, la prossima mega crisi bancaria è in preparazione da anni, che sarà usata per far passare un sistema di pagamento digitale completo con un euro digitale.

È il vecchio e familiare concetto storico che è stato applicato così spesso: incolpa il partito che consideri il nemico per i problemi che hai causato tu stesso, e ti assicuri il suo sostegno. Sfortunatamente, quasi nessuno legge più i libri di storia, o si rifiuta di imparare da essi ("questa volta lo faremo meglio", "questa volta le cose saranno diverse") perché pensa di essere molto più intelligente. (La nostra opinione al riguardo? Proprio il contrario).

Oppure avete studiato per questo, e applicate al vostro popolo le tattiche neomarxiste socialmente manipolatrici e sovversive che i regimi autoritari e dittatoriali hanno usato così spesso in precedenza in modo estremamente raffinato, e lasciate che anche loro vi siano grati per questo.

C'erano informazioni interne o si tratta di un piano subdolo?

A questo proposito, l'economista americano Martin Armstrong indica ancora una volta la simulazione di pandemia "Evento 201" dell'ottobre 2019, ben nota a molti ormai, dove tutto ciò che è stato fatto dal 2020 in poi è stato discusso, redatto ed elaborato in dettaglio in anticipo, con tanto di semina deliberata di paura e panico per un semplice coronavirus.

Avevano la prescienza del futuro, o c'è un piano subdolo per ridurre la popolazione e la CO_2, causando convenientemente un genocidio di massa, come alcuni

6

ora credono? Queste teorie di cospirazione sorgono sempre quando si hanno riunioni segrete e gruppi di élite che si sentono esaltati al di sopra della gente inferiore, che considerano la 'Grande Feccia'.

Tuttavia, le teorie del complotto sono finite da tempo, poiché tutti questi piani malvagi possono essere letti, sentiti e visti apertamente nelle pubblicazioni di queste organizzazioni come il WEF. Anche se alcuni di essi, come "Nel 2030 non possiederete nulla e sarete felici" sono stati messi di nuovo offline dopo aver fatto scalpore. Questo non impedirà a questi burocrati autoritari di imporre questo futuro distopico a voi e a me (ma non a loro stessi) nel 2030 (ma probabilmente molto prima).

Capitolo 2: grandi disordini sociali dovuti alla crisi alimentare (e forse alla guerra)

In ogni caso, è certo che da qui al 2024, la penuria di cibo e i prezzi alle stelle stanno arrivando comunque. Questo porterà a grandi disordini sociali e politici", scrive Armstrong.

La cattiva gestione del governo dell'UE potrebbe essere la loro rovina. Dopo tutto, nel corso di questa crisi, a causa di questa cattiva gestione, molte persone hanno perso il loro lavoro perché hanno dovuto rimanere a casa, e contemporaneamente il loro potere d'acquisto è sceso. Questo è il peggior risultato possibile, ed è per questo che possiamo chiederci se questi leader sono davvero così stupidi, o solo così subdoli?

Subdolo, perché questa crisi sistemica è stata pianificata a tutti gli effetti, compreso il pieno controllo e la direzione dei media mainstream, con l'intenzione di creare un superstato dittatoriale dell'UE che sarà (e per molti versi lo è già) un mix tecnocratico dell'ex sistema sovietico e della Cina comunista di oggi.

Stupidi, perché pensano che questo "Grande Reset / Build Back Better / Green New Deal" colpo di stato contro la società libera avrà successo anche a lungo termine, in modo che entro il 2030 i Mark e Sigrids del nostro tempo avranno realizzato il loro sognato paradiso climatico.

8

Evidentemente queste persone non hanno più il senso della realtà, perché altrimenti dovrebbero almeno considerare che con questo corso dirompente di tutto e di tutti non può rimanere nulla della nostra civiltà nel 2030 al più tardi.

In ogni caso, il mondo non è preparato per una crisi alimentare, crede Armstrong, che sarà senza dubbio causata dal mantenimento delle misure corona. Le carenze saranno particolarmente acute nelle grandi città. L'alta IVA e le tasse in Europa saranno il colpo finale per molti. Allora non è necessario che i supermercati siano riforniti solo per pochi giorni perché scoppi il panico, il caos e la violenza su larga scala.

Secondo l'economista, gli speculatori del mercato azionario saranno incolpati, ma potremmo pensare che (anche) un colpevole politico sarà identificato, probabilmente il presidente russo Vladimir Putin. Se è così, è conveniente se ha già provocato una grande guerra regionale in, diciamo, Ucraina, e forse in Medio Oriente, prima di allora. Dopo tutto, abbiamo visto quanto sia facile interrompere le catene di approvvigionamento con una sola nave container (Canale di Suez).

Bill Gates è uno dei maggiori contribuenti di questa crisi Armstrong cita poi un'altra "teoria della cospirazione" secondo cui Bill Gates è ora il più grande proprietario di terreni agricoli negli Stati Uniti. Vero o no, è in ogni caso provato che ha effettivamente "comprato" l'OMS e ce l'ha in tasca, così come il CDC americano, e presumibilmente tutti gli istituti simili in Europa. Inoltre, ha interessi finanziari in ogni grande azienda farmaceutica, ed è la forza trainante dell'alleanza GAVI per i vaccini. Quindi Gates sarà innegabilmente uno dei maggiori contributori alla crisi che dura da anni, ma i media occidentali, co-controllati da lui, non potranno mai scriverlo.

Nell'ultimo decennio, centinaia di migliaia di fattorie sono scomparse sia in America che in Europa, in gran parte perché la loro esistenza è stata resa impossibile da tasse sempre più alte e da regole e leggi 'climatiche' sempre più severe. In questo modo, i governi sono stati in grado di ottenere grandi quantità di terra a prezzi ridicolmente bassi per, tra le altre cose, abitazioni, energia "sostenibile" e progetti di "ripristino della natura". Questa politica anti-agricola di lunga data minaccia di intensificare esponenzialmente la prossima crisi alimentare.

Lo 0,025% di morti non giustifica la distruzione dell'economia mondiale

'Nel frattempo, c'è una corsa a vaccinare tutti contro una malattia che non è più mortale dell'influenza', ha continuato Armstrong. Il numero di morti di Covid è così esagerato che i nostri politici sono o le persone più stupide del mondo o le più subdole. Durante l'influenza spagnola, ci furono 50 milioni di morti, il 3,125% della popolazione mondiale di allora (1,6 miliardi). Ora ci sono 7,8 miliardi di persone, e anche 2 milioni di morti sono solo lo 0,02564%. Questo non giustifica in alcun modo la distruzione dell'economia mondiale".

Accordi di Norimberga ignorati e persino invertiti
La stampa tradizionale si limita ad applaudire le chiusure e a terrorizzare il pubblico. Sta venendo alla luce che le vaccinazioni non proteggono nessuno dal contrarre il Covid, e possono addirittura metterlo in maggiore pericolo una volta che la popolazione è schiacciata da una delle nuove mutazioni. Nel frattempo, le compagnie farmaceutiche sono immuni da ogni responsabilità. A Norimberga, tutti i leader mondiali si sono accordati per vietare tali esperimenti medici sulla popolazione se non erano ancora (o non sufficientemente) testati sugli animali. I vaccini che vengono iniettati ora non sono stati nemmeno testati su ratti o topi".
(Questo è in parte dovuto al pensiero marxista "woke" di estrema sinistra, che ha spogliato gli esseri umani di ogni spiritualità superiore, e li vede come nient'altro che una sorta di macchina biologica che in nessun modo trascende la vita animale. In effetti, usando l'uomo come cavia e non come animale, l'uomo è posto al di sotto degli animali. Va da sé che questo riprovevole pensiero anti-umano prepara la strada a un massacro, un genocidio, come il mondo non ha mai conosciuto prima e probabilmente non conoscerà mai più, perché semplicemente saremo rimasti troppo pochi.)

Capitolo 3: I prossimi 10 anni

Lord Sumption, ex giudice della Corte Suprema britannica, era già stato più volte l'anno scorso molto critico nei confronti delle misure totalitarie della corona. Ora avverte che queste misure potrebbero durare fino a 10 anni, perché i governi non possono più invertire le loro decisioni senza un'estrema perdita di faccia. La nostra aspettativa è che se le attuali politiche vengono effettivamente continuate per altri 10 anni e persino inasprite, al più tardi nel 2030 non rimarrà più nulla della nostra società, una volta libera e prospera.

Sumption cita un precedente storico. Dopo la seconda guerra mondiale, le razioni di cibo continuarono in Gran Bretagna per 9 anni. La gente lo voleva, perché era dietro il controllo sociale. Ma nel 1951 il partito laburista perse completamente la maggioranza, perché la gente che aveva alle spalle 5 anni o più di controllo sociale era stufa. Prima o poi questo succederà anche in questo paese adesso".

L'ex capo della giustizia stava rispondendo alle dichiarazioni dei funzionari del governo che tutte le misure, compresi i blocchi, l'allontanamento sociale e i paradenti, rimarranno in vigore senza sosta fino a quando tutti saranno vaccinati. Il governo britannico ha deciso recentemente di estendere tutte le misure almeno fino a ottobre. Il ministro della salute Matt Hancock ha rifiutato di dire se ci sarà un'altra estensione dopo.

È così grave che persino i politici non osano più proporre una protesta fondata.

Non avete fallito in questa battaglia, poiché è vostro sacro dovere dare il vostro contributo schierandovi dalla parte del Bene. Altri, dipendenti dalla corruzione, o accecati da un odio infernale verso nostro Signore, hanno scelto la parte del Male".

'Non pensate che i figli delle tenebre operino in modo onesto, né vi scandalizzate che facciano uso dell'inganno. O credete talvolta che i seguaci di Satana siano onesti, sinceri e leali? Il Signore ci ha messo in guardia sul diavolo, che "è un assassino di uomini fin dal principio, e non sta nella verità, perché non c'è verità in lui. Quando dice la menzogna, parla secondo la sua natura, perché egli è un bugiardo e il padre della menzogna". (Giovanni 8:44)

Lord Sumption fa notare che i politici e gli scienziati che si oppongono alla politica di chiusura "sono sottoposti a una campagna di diffamazione personale estremamente sgradevole. So di molti che preferirebbero non mettere la testa sopra il parapetto. Fin dall'inizio, quando ho parlato, ho cominciato a ricevere e-mail da politici che erano d'accordo con me, ma che non osavano dire nulla. Penso che questa sia una situazione molto grave".

Ora è chiaro a molte persone che un tipico virus respiratorio, che è pericoloso solo per un piccolo gruppo di persone anziane e vulnerabili (e che ha un tasso di sopravvivenza stabilito del 99,7%) viene sfruttato per far passare un'agenda particolare, il "Grande Reset" sotto l'Agenda 2030 dell'ONU comunista. Chiunque sia apertamente in disaccordo viene preso di mira con metodi draconiani.

Alla gente dovrebbe essere permesso di esprimere le proprie differenze", dice il giudice. Se si può imporre la distanza sociale solo picchiando la gente sulla testa con dei bastoni, allora non ne vale la pena".

Tuttavia, i sondaggi (per quanto ci si possa ancora fidare) mostrano che la maggior parte della gente è d'accordo che la loro società sta per essere cambiata e deformata per sempre. Questo è il segnale per i politici di far passare misure ancora più dure e rigide nei prossimi anni, sotto il pretesto di nuovi virus e/o "il clima", che metteranno fine per sempre agli ultimi resti di libertà, e presto anche alla nostra attuale prosperità.

Benvenuti all'inizio della dittatura più dura e antiumana che questo mondo abbia mai conosciuto. E voi stessi l'avete votata. Da qui la nostra ripetuta domanda se la nostra società sia diventata a volte suicida. Ogni civiltà finisce - di solito all'improvviso - molto spesso perché la gente lascia fare ai leader totalitari e spesso collabora con loro. È doloroso da osservare, ma forse ora tocca a noi andare a fondo.

24 leader mondiali chiedono una rapida istituzione della dittatura globale dei vaccini dell'OMS

Nessuno è al sicuro finché tutti non sono al sicuro" in realtà significa che ogni cittadino del mondo sarà presto obbligato ad essere vaccinato - Top New Agers ha previsto l'inizio del nuovo ordine mondiale luciferiano nel 2012: il 2012 è in realtà il 2021?
24 leader mondiali, tra cui il cancelliere tedesco Angela Merkel, il presidente francese Macron e il primo ministro britannico Johnson, hanno firmato una lettera

che chiede un trattato che permetterebbe una dittatura globale dell'OMS sui vaccini. Naturalmente, questo non è detto letteralmente, ma si riduce prepotentemente al fatto che tutti i paesi, sotto il pretesto della "preparazione alla pandemia", devono cedere la loro sovranità nazionale e medica a un governo globale. Questo è esattamente ciò di cui abbiamo avvertito nel gennaio 2020, vale a dire che il coronavirus sarà usato impropriamente per stabilire un governo mondiale comunista dittatoriale, che crediamo fermamente diventerà il regime più duro e anti-umano che questo pianeta abbia mai conosciuto, anche se si presenterà come esattamente il contrario.

La prova più sconvolgente di ciò è l'affermazione apertamente espressa "Nessuno è al sicuro finché tutti sono al sicuro", di per sé una premessa assurda, poiché la vita non funziona così, non ha mai funzionato e non funzionerà mai così, poiché tutti dovrebbero essere costretti a rimanere permanentemente a casa. Poi ignoriamo per un momento che la maggior parte degli incidenti avviene proprio a casa.

In un momento in cui Covid-19 ha sfruttato le nostre debolezze e divisioni, dobbiamo cogliere questa opportunità e unirci come comunità globale per una cooperazione pacifica che vada oltre questa crisi, è uno degli argomenti ormai masticati dai media per porre fine all'"isolazionismo e al nazionalismo".

16

L'obiettivo finale: la vaccinazione obbligatoria per tutti i cittadini del mondo

Anche il resto dei media che circondano covid-19 e il grande reset non è altro che l'ormai noioso e vuoto blaterare sulla forzatura dell'unità, presumibilmente perché questo sarebbe il meglio per l'umanità, quando in realtà si sta realizzando qualcosa di completamente diverso e con esso verrà creata un'orribile distopia.

In effetti, "Nessuno è al sicuro finché tutti sono al sicuro" è una minaccia sottilmente velata alle persone che non vogliono essere iniettate con sostanze sperimentali di manipolazione genetica commercializzate come "vaccini" per gli uomini (e le donne e i bambini). Indica che i leader mondiali hanno deciso da tempo dove vogliono andare, vale a dire la vaccinazione obbligatoria, pena l'esclusione totale dalla società (e, col tempo, anche la pena di farsi togliere tutti i diritti e tutti i beni, presumibilmente seguita da un'incarcerazione forzata in un "campo di rieducazione").

Se la prima pandemia non vi convince, lo farà la seconda pandemia.

Questa coazione a vaccinare avverrà, potete starne certi, per quanto spesso venga ancora negata. Dopo tutto, Bill Gates ne gongolava già apertamente durante un'intervista televisiva: Se la prima pandemia non vi ha convinto, la seconda lo farà.

Quindi sapeva già l'anno scorso che sono previste almeno due pandemie, la seconda delle quali sarà il colpo finale alla salute mentale della popolazione, che è già sotto grande pressione. Quest'ultima urlerà e griderà per la "sicurezza" e chiederà ai loro governi che i rifiutatori di vaccino - che saranno falsamente incolpati di questa seconda pandemia e delle successive chiusure - siano tutti allontanati dalla società a tutti i costi.

Quella seconda pandemia potrebbe anche essere l'annunciato "attacco bioterroristico" di Gates, molto probabilmente solo un'altra falsa bandiera / operazione di propaganda che gli osservatori critici ritengono possa essere causata proprio dalle vaccinazioni. Infatti, gli scienziati e altri esperti hanno ripetutamente avvertito che i vaccini possono disabilitare una parte cruciale del sistema immunitario umano, lasciando le persone vaccinate senza difese quando la corona e altri virus respiratori tornano in autunno o in inverno. Alcuni ritengono quindi che i vaccini stessi siano queste armi di "bioterrorismo" di cui Gates ha avvertito nel 2020.

Capitolo 5: L'ultimo impero mondiale

Cristianesimo istituzionale

L'annunciata dittatura OMS/WEF/ONU/UE sarà una parte centrale, non è altro che l'istituzione del "Regno dell'Anticristo" (meglio, Regno della "Bestia", perché il termine "anticristo" non appare da nessuna parte in tutto il libro apocalittico dell'Apocalisse, e quindi non si riferisce a una singola persona) predetto nella Bibbia. Anche se ho poco rispetto per la sua denominazione, sono d'accordo con lui in questo senso.

La cosa triste è che è proprio il cristianesimo istituzionalizzato che permette, facilita e promuove la venuta di quell'impero mondiale finale, transnazionale e anticristiano (e anche questo, tra l'altro, è predetto nelle profezie bibliche). Papa Francesco ha già chiesto un "vaccino universale per tutta l'umanità" l'anno scorso, suggerendo persino che non farsi vaccinare è un peccato (mortale). La maggior parte degli altri movimenti cristiani, dai protestanti conservatori agli evangelici e pentecostali, sono più o meno d'accordo con lui. Considerate anche i molti partiti cristiani, ministri e capi di governo che sono proprio dietro questa agenda e la stanno portando avanti.

In tutto il mondo milioni di cristiani hanno atteso con ansia "la fine dei tempi". Ora che il tempo sembra davvero essere arrivato, la maggior parte di loro sembra improvvisamente non volerne sapere nulla, solo perché la venuta del predetto regno della Bestia avverrà in modo diverso e in parte con metodi diversi da quelli che sono stati portati a credere dai "trattati di solletico alle orecchie" per tutto questo tempo. Di più: molti ci stanno effettivamente lavorando per piena convinzione.

I New Agers si aspettano l'ordine mondiale luciferiano da quasi un secolo

Il 28 marzo 2009, quindi quasi al giorno 12 anni fa, abbiamo scritto che i New Agers di alto livello hanno predetto che nel 2012 sotto il presidente Barack Obama sarebbe stato stabilito l'"ordine mondiale luciferiano". Non intendevano forse il 2012, ma forse il 2021?

L'umanità si sta muovendo verso una nuova civiltà e una cultura mondiale New Age, che sarà conosciuta come l'Età della Luce", ha scritto il New Ager Tom Carney nel 2009 su "Thoughtline", indicando la famigerata occultista Alice Bailey (la cui ONG Lucis Trust è riconosciuta dall'ONU) e il suo "Nuovo Gruppo di Servitori del Mondo" (notare anche la piramide e l'arcobaleno), fondato già nel 1924, e il suo "Grande Piano" per l'umanità. Nella visione dei teosofi come la Bailey e di molti altri New Agers come Helena Blavatsky, colui che porterà questa 'Luce' è il 'Portatore di Luce', Lucifero, indicato nella Bibbia come il diavolo, Satana.

Ci sono teorie che affermano che i vaccini mRNA sono necessari per modificare il nostro DNA in modo tale che presto saremo tutti completamente controllabili, manipolabili e automaticamente obbedienti seguaci di questa falsa luce. Se sia davvero così resta da vedere, ma la rivista New Age "Innerchange" ha letteralmente parlato nel suo primo numero del 2009 di un "archetipo di Lucifero" come "il nuovo essere umano" che avrebbe popolato la terra in un futuro molto prossimo.

È una speculazione, ma forse i 12 anni successivi sono stati utilizzati per collocare questi "archetipi" in posizioni di potere nei governi nazionali, nelle organizzazioni sovranazionali e nelle istituzioni religiose in modo che al momento giusto, forse approfittando della paura deliberatamente instillata di un virus respiratorio medio, potessero prendere il potere totale per realizzare questo ordine mondiale luciferiano, questo biblico "regno della Bestia".

Anche se milioni di persone in Occidente si sono svegliate di fronte al grande pericolo dei globalisti ONU/UE/FMI/FEF/NATO, siamo ancora in minoranza.

Certamente in Europa, la maggior parte delle persone crede ancora ciecamente alla propaganda dei partiti politici e dei media tradizionali, anche se molte delle loro palesi bugie sono state esposte, specialmente negli ultimi anni. Per coloro i cui occhi sono stati aperti, la persistente inanità e talvolta la scioccante stupidità dei creduloni può essere a volte piuttosto frustrante.

Infatti, con un po' di ricerca di base e di pensiero critico, si può concludere che la tarda pandemia da coronavirus

21

di Wuhan è probabilmente una crisi creata deliberatamente per sottomettere tutte le nazioni a un governo mondiale totalitario.

L'agenda dei globalisti può essere riassunta con un termine: "Ordine dal caos". L'analista Brandon Smith non è certo il primo a sottolineare che "ogni crisi viene creata o sfruttata per manipolare il pubblico e indurlo ad acconsentire". Ma consenso a cosa?

Capitolo 6: La crisi bancaria

L'imminente mega-crisi finanziaria sarà usata per la spinta finale attraverso il "Grande Reset" comunista

Mentre l'attenzione del governo e dei media è ancora quasi interamente concentrata sulla corona, sullo sfondo nell'UE si stanno verificando sviluppi estremamente preoccupanti, che probabilmente avranno conseguenze di vasta portata per la nostra prosperità e il nostro potere d'acquisto già nel breve e medio termine.

La BCE comprerà più debito pubblico nei prossimi mesi, perché i tassi d'interesse sui titoli di stato hanno ricominciato a salire.

Inoltre, il sistema bancario di fatto tecnicamente già in bancarotta è in guai ancora più grandi a causa della crisi fabbricata della corona.

L'unica cosa che tiene insieme la Commissione europea è l'albero magico del denaro chiamato BCE", scrive l'analista Alasdair Macleod.

Se avete mai seguito due lezioni di economia, dovreste sapere dove un tale "albero dei soldi" porta sempre inevitabilmente: "Questo è uno spettacolo dell'orrore in divenire.

L'EUSSR è un fatto compiuto in termini politici e finanziari

I critici spesso descrivono beffardamente l'Unione Europea come l'EUSSR, e questa non è certo un'esagerazione nell'anno 2021 - al contrario.

Politicamente, l'UE funziona da tempo esattamente come l'ex Unione Sovietica: il Politburo, un club non eletto di burocrati chiamato Commissione Europea, determina la politica, e dà i suoi "desideri" (=ordini) al Consiglio Europeo dei capi di governo, che li discutono per amore della forma, e poi portano questi ordini ai loro - solo di nome - paesi indipendenti, dove i parlamenti, ridotti a "yes-men", mettono sempre automaticamente un timbro di approvazione.

Per mantenere la pretesa di una democrazia europea, la stessa UE ha anche un "parlamento", di cui tutti i membri ricevono stipendi altissimi, bonus e pensioni per prendere parte a questa grande commedia, e tacere sul fatto che in realtà non hanno nulla, assolutamente nulla da dire.

L'unica volta in cui questo parlamento è sembrato avere un qualche "potere" è stato quando ha mandato a casa una Commissione europea, ma questo è stato - soprattutto in retrospettiva - molto probabilmente solo una messa in scena, perché è stato in quel momento che l'opinione pubblica europea ha iniziato a svegliarsi sulla natura "socialista" (nel senso marxista) e sul disegno dell'UE.

Recentemente, la BCE ha silenziosamente fatto il prossimo passo verso l'inevitabile distruzione dell'euro, del sistema euro/Target-2 e di se stessa. La banca ha deciso di comprare più titoli di stato nei prossimi mesi, contrariamente agli annunci precedenti, perché i tassi di interesse stanno aumentando di nuovo in tutto il mondo. Se questa tendenza continua, causerà la bancarotta dell'intera rete dell'eurozona. 'E quella rete è come un boccone di mele marce', dice Macleod. 'È il risultato non solo di un sistema fallimentare, ma anche di politiche per salvare la Spagna dall'aumento dei tassi di interesse nel 2012'.

A qualunque costo", la moneta dell'euro sarà "salvata" a spese dei cittadini

All'epoca, l'allora presidente della BCE Mario Draghi pronunciò le famigerate parole che avrebbe salvato l'euro "costi quel che costi". Quello che non ci ha detto è che il prezzo di questo "whatever it takes" avrebbe dovuto essere sborsato dai risparmiatori e dai fondi pensione europei.

A causa del debito sempre crescente, l'intervento di Christine Lagarde deve necessariamente essere ancora maggiore di quello del suo predecessore Draghi. Alla fine, tutti gli europei dovranno pagare pesantemente per questo attraverso una perdita sostanziale e permanente del loro potere d'acquisto e della loro prosperità. Gli anni dell'orpello della prosperità degli stati membri dell'UE sono quasi finiti.

Lagarde mette il 'whatever it takes' di Draghi in una marcia ancora più alta. La BCE, che pretende di essere "indipendente" ma che è un'istituzione politica in tutto e per tutto, è sempre servita ad un solo scopo, ed è quello di assicurare che la spesa incontrollata degli stati membri del sud in particolare sia sempre coperta.

A questo scopo è stato ideato un sistema ingegnoso: Target-2

L'Italia e la Spagna da sole devono a questo sistema della BCE quasi 1 trilione di euro. Germania, Lussemburgo, Finlandia e Paesi Bassi, d'altra parte, sono debitori di circa 1,6 trilioni di euro da questo sistema, la parte del leone (oltre 1 trilione di euro) è dovuta dalla Germania. *(In effetti, il piccolo Lussemburgo può essere visto come una banca travestita da stato indipendente, uno dei tanti trucchi che la BCE usa per far sembrare più rosea la situazione finanziaria dell'UE).*

Grandi megabanche tecnicamente già in bancarotta Comprando titoli di stato, la stessa BCE ha già un debito di 345 miliardi di euro, in parte dovuto al finanziamento occulto del crescente deficit pubblico francese. La Francia può ora essere annoverata tra i paesi PIIGS, ma questo non sarà mai ammesso ufficialmente perché la

Francia è considerata uno stato "sistemicamente importante".

Nel frattempo, gli oneri della Francia cominciano a pesare sempre di più sul sistema dell'euro, anche perché la megabanca francese Société Générale è tecnicamente in bancarotta, così come la Deutsche Bank e l'italiana Unicredit.

Quello che le statistiche non mostrano è che la Bundesbank ha già acquistato molti miliardi di debito pubblico tedesco per conto della BCE. Il crescente squilibrio nel sistema Target-2 è dovuto al fatto che l'Italia, la Spagna, la Grecia e il Portogallo in particolare sono stati gravati da un numero sempre maggiore di debiti "cattivi", o debiti che non possono e non potranno mai essere ripagati.

Il risultato è stato che i sistemi bancari "zombie" di questi paesi hanno dovuto essere messi agli sgoccioli dalla BCE.

Branco di ubriachi nei bassifondi
I crediti inesigibili e gli altri "bad assets" sono stati trasferiti al sistema dell'euro (e quindi in particolare a Germania, Finlandia, Paesi Bassi e Lussemburgo) al momento del "salvataggio" della Grecia, e poi del salvataggio delle banche italiane, che è stato nascosto al pubblico.

Quello che non c'è nelle statistiche è un importo ancora più alto di 8,31 trilioni di euro (totale probabilmente più di 10 trilioni di euro) in finanziamenti a breve termine, che nell'eurozona non ha bisogno praticamente di copertura.

In breve, significa che tu, per esempio, con un reddito medio annuo di 36.000 euro, puoi ottenere un prestito dalla banca di 1 milione di euro senza battere ciglio, e il direttore della banca poi ti dice: "Vedi cosa puoi restituire, e quando...". Cosa ne pensate, questa banca rimarrà sana a lungo? E una banca centrale che poi tiene a galla queste banche per anni, resterà anch'essa sana a lungo?

Come un gruppo di ubriachi che cercano di issarsi barcollando fuori dalla grondaia, i prezzi delle azioni delle banche della zona euro sono saliti insieme ai mercati. Ma i loro rating rimangono così spaventosamente poveri", osserva Macleod. La situazione è ora così terribile che se una grande banca dell'eurozona dovesse fallire, l'intero sistema crollerebbe come un castello di carte.

L'UE è uno "stato in fallimento": il potere d'acquisto sarà spazzato via

L'UE ha tutti i segni di uno stato fallimentare", ha continuato l'analista. Questo è stato particolarmente evidente nella reazione dell'UE alla Brexit, che può davvero essere descritta solo come una vendetta in un modo tanto ottuso quanto infantile, senza considerare le dolorose conseguenze per il blocco stesso.

Inoltre, è improbabile che l'UE esca dal blocco quest'anno, il che significa che tutti gli stati membri dovranno continuare ad assumere nuovi debiti senza precedenti per tenere a galla le loro economie. Le conseguenze di politiche estremamente dannose saranno ancora più gravi per l'Europa che per gli Stati Uniti e la Cina.

Gran parte dell'economia - soprattutto i piccoli imprenditori - sono sull'orlo del collasso. Se si aggiunge l'andamento dei mercati delle materie prime (petrolio, metalli, cibo, ecc.) e il gigantesco aumento della massa monetaria, tutto questo porterà a una perdita mondiale del potere d'acquisto. L'UE, grazie alla sua struttura, alle sue politiche e alle sue azioni, è completamente in ritardo rispetto alla ripresa economica, che è già in pieno svolgimento in Cina.

E poiché il finanziamento di tutto poggia sulle spalle della BCE, la crisi nell'UE inizierà sicuramente lì. Farà sicuramente crollare la maggior parte del sistema bancario...

Non ci vorrà un aumento molto forte dei tassi d'interesse per cancellarlo". E poi si rivela anche il vero valore del "valore" e degli "attivi" che le grandi banche della zona euro sostengono di avere nei loro bilanci: "essenzialmente NULLA".

Non c'è da stupirsi che la fuga di capitali dall'Eurozona sia accelerata. Il denaro fugge sempre da luoghi con politiche cattive e dispendiose, e dove presto non varrà più nulla.

L'economia è deliberatamente gonfiata per raggiungere il Grande Reset comunista

Se vi state chiedendo: ma perché non stanno cercando di prevenire questo? Allora la mia risposta è: perché penso che il sistema venga deliberatamente fatto saltare. Un euro digitale è già in lavorazione, e ad un certo punto dovrebbe sostituire tutti i contanti. Questo nuovo sistema monetario digitale sarà presumibilmente introdotto durante o subito dopo l'imminente mega-crisi finanziaria, e sarà gradualmente collegato a tutto (carta d'identità/passaporto, carta di debito, carta Covid, ecc.) Tutti i debiti saranno confiscati, dopodiché tutti i 'beni', tutte le proprietà, tutte le finanze, di tutte le aziende e gli individui, cadranno allo stato.

Allora il "Grande Reset", la trasformazione del blocco di libero scambio della C.E.E., una volta di successo, in un'Unione Sovietica europea con un sistema tecnocratico e profondamente comunista, sarà completo.

Allora la nostra prosperità e tutte le nostre libertà e possedimenti saranno finiti per sempre. (E tu come imprenditore eri così contento della promessa di compensazione del 100% dei tuoi costi fissi da parte del governo!

Davvero non vi rendete conto in quale trappola vi siete cacciati tutti? Che voi, in questa economia pianificata, non avete più niente da dire sui vostri affari e sulla vostra sopravvivenza?)

Per avere un'idea di quanto sarà "piacevole" la vita per noi allora, date un'occhiata ai libri di storia, direi. Per la maggior parte delle persone, tuttavia, un tale appello cadrà su orecchie sorde.

Recentemente, gli europei hanno votato ancora più massicciamente per i partiti nominalmente "liberali", che per anni hanno attuato quasi esclusivamente politiche comunitarie neomarxiste.

Dato che il popolo vuole rimanere cieco per le inevitabili conseguenze, sembra esserci rimasta solo una cosa, con nostro grande rammarico, ed è quella di soffrire molto dolore (di nuovo) per riportare il popolo alla ragione.

Con la speranza che i nostri figli sopravvissuti dopo questa terribile crisi sistemica avranno imparato da queste lezioni dure come la roccia e saranno in grado di costruire una società molto più sana, una società dove non c'è più posto per Big Banks, Big Pharma, Big Tech,

Big Military e Big Government, in altre parole: per Big Corruption.

Capitolo 7: L'accordo verde

Per raggiungere gli obiettivi climatici, si stabilirà una eco-dicatura comunista, che metterà fine a tutte le nostre libertà e a gran parte della nostra attuale prosperità.
Economista DB Research: Bruxelles racconta una storia ingiusta ai cittadini" - Misure dolorose molto vicine: perdita di libertà di trasporto, riscaldamento, casa, cibo

Un'analisi della Deutsche Bank critica fortemente l'Unione europea per aver presentato il "Green Deal" al pubblico in una luce troppo rosea, e per aver avuto "un dibattito ingiusto" su di esso.

DB vuole che Bruxelles faccia sapere agli europei che l'implementazione del Green Deal significherà una mega-crisi economica e sociale, che sarà necessaria una sorta di eco-dittatura per imporre tutte le misure, e che perderemo permanentemente una parte enorme della nostra prosperità.

Questo è ciò di cui abbiamo avvertito per anni: i "piani climatici" dell'UE non avranno alcun effetto sul "cambiamento climatico", ma trasformeranno il nostro continente in una zona arretrata con povertà diffusa, in cui non avremo alcuna libertà.

Il mostruosamente costoso 'Green Deal' pone enormi rischi per la prosperità, l'economia e la democrazia, secondo DB. Questi rischi dovrebbero essere detti onestamente alla gente, e non nascosti, come sta accadendo ora. Almeno questo è quello che scrive Eric Heymann, economista senior della Deutsche Bank Research.

Bruxelles presenta il Green Deal come "una nuova strategia di crescita" che porterà a "una società equa e prospera", ma questa affermazione è molto dubbia. Sembra tutto buono sulla carta, ma per raggiungere un'Europa veramente neutrale dal punto di vista climatico entro il 2050, l'intera economia, così come l'intero sistema politico e giudiziario, deve essere fondamentalmente cambiato.

Koire è anche l'autore del libro "Behind the Green Mask - UN Agenda 21. L'Agenda 21 è stata firmata da 178 paesi e dal Vaticano nel 1992. Con questa agenda, un'élite di potere globalista vuole ottenere il controllo totale su tutta la terra, l'acqua, la vegetazione, i minerali, le costruzioni, i mezzi di produzione, il cibo e l'energia.

Anche l'applicazione della legge, l'educazione, l'informazione e la gente stessa devono essere sotto questo controllo completo.

Finora, le implicazioni dell'agenda climatica dell'UE sono "ancora relativamente astratte" e per la maggior parte delle famiglie "ancora accettabili". Ma questo sta per cambiare. Sono in arrivo interventi drastici che metteranno fine alla scelta del trasporto gratuito, alla dimensione delle case, al modo in cui ci riscaldiamo, al possesso di beni di consumo elettronici e al consumo di carne e frutta tropicale, per esempio. Anche l'occupazione sarà colpita duramente.

Le tasse sull'energia aumenteranno ancora di più, rendendo il riscaldamento e i trasporti estremamente costosi. Heymann avverte che non ci sono tecnologie adeguate per mantenere il nostro attuale livello di prosperità.

Sappiamo che ecodittatura è una brutta parola, ma dobbiamo chiederci fino a che punto siamo disposti ad accettare una sorta di ecodittatura per diventare neutrali per il clima.

Per esempio, cosa dovremmo fare con i proprietari di immobili che si rifiutano di rendere le loro case e i loro edifici neutrali per il clima?

(*L'élite ha trovato una risposta a questo nel 2020: sequestrare un virus respiratorio medio per una serie di chiusure con severe restrizioni, e mettere così agli sgoccioli centinaia di migliaia di agricoltori e imprese. Sono così effettivamente espropriati dalla porta di servizio.

Lo stato guadagna così il potere totale di fare dure richieste sul riavvio di queste imprese, se sopravvivono alla crisi e/o ottengono il permesso di farlo).

Sei disposto a negare ai tuoi figli la prosperità di cui hai goduto tu?

Una domanda migliore è: siamo disposti a privare i nostri (nipoti) figli almeno della stessa prosperità e libertà di cui abbiamo goduto fino ai primi anni del 2020? Siamo disposti a dire loro che presto dovranno vivere in povertà permanente e oppressione, mentre gli abitanti di paesi come la Cina e la Russia, che non vogliono demolire le loro società per contrastare un gas perfettamente naturale (CO_2) che è effettivamente molto necessario per tutta la vita - e di cui ci sono ancora livelli storicamente bassi nell'atmosfera - avranno presto un livello molto più alto di prosperità e benessere?
E come spiegherete loro, nel mezzo di un periodo di raffreddamento globale, di freddo glaciale e di penuria di cibo, che era tutto "veramente necessario" per contrastare il cosiddetto riscaldamento globale?

Il Green Deal porterà alla scomparsa dell'UE
La nostra aspettativa? Molti europei non lo sopporteranno. Più dura e coercitiva diventerà la dittatura climatica dell'UE, e più ricchezza e libertà toglierà ai cittadini, maggiore sarà la resistenza. Alla fine ci saranno grandi rivolte, i governi saranno rovesciati, e i paesi lasceranno l'UE, che poi crollerà con un fragoroso boato, e finirà sul mucchio di spazzatura della storia.

Esattamente dove appartiene questa unione empia, antidemocratica, sempre bugiarda, truffatrice e ladra. Poi la prossima generazione potrà iniziare a ricostruire sulle gigantesche rovine che gli eurocrati si saranno lasciati alle spalle, e si spera che abbiano imparato dagli errori capitali che i politici europei hanno fatto.

Un agricoltore tedesco lancia l'allarme a nome di numerosi colleghi europei sul "Green New Deal" della Commissione europea e dello "zar del clima" Frans Timmermans. Bruxelles vuole che l'Europa diventi il cosiddetto "clima neutrale" entro il 2050, e per questo l'agricoltura moderna deve essere eliminata. Se questo piano andrà in porto, porterà ad un'agricoltura inefficiente e molto meno "verde", a raccolti più scarsi e quindi a prezzi del cibo molto più alti. Questo causerà fame e povertà diffusa, specialmente tra le persone a basso reddito.

Nel maggio dello scorso anno, sono stati rivelati ulteriori dettagli dell'"European Green Deal". La Commissione europea vuole capovolgere completamente la società e rendere la "transizione equa e inclusiva" per tutti. Tuttavia, almeno un gruppo è completamente escluso da questo: gli agricoltori.

'Farm to Fork' è il nome della strategia scelta per riformare l'agricoltura in Europa. Gli obiettivi di questa strategia sono completamente "irrealistici", scrive l'agricoltore tedesco Marcus Holtkoetter per il Global Farmer Network. "Gli agricoltori dovrebbero ridurre i loro prodotti di protezione delle colture della metà nel

prossimo decennio, e i fertilizzanti del 20%. Addirittura un quarto di tutti i terreni agricoli esistenti dovrebbe essere utilizzato per la produzione "biologica"".
Ma naturalmente niente di tutto questo interromperebbe i pasti della gente", continuò cinicamente il contadino.
Il cibo diventerà più costoso

Gli europei sono benedetti da un'abbondanza di cibo (anche se la qualità può essere messa in discussione, soprattutto per i cibi raffinati), soprattutto perché l'agricoltura può essere annoverata tra le più moderne ed efficienti del mondo. Il suolo è fertile, i raccolti quasi sempre di alta qualità. Grazie all'agricoltura intensiva, abbiamo ottenuto risultati eccellenti. Di conseguenza, non abbiamo problemi di fame e malnutrizione, che affliggono le persone con meno fortuna in altre società'. Ciò che la Commissione europea sta proponendo ora equivale a raccolti più piccoli. Per i consumatori, questo porterà direttamente a una cosa: prezzi più alti. Il cibo diventerà più costoso".

Raccolti sempre più piccoli

Un altro grande problema è che gli agricoltori, che sono già in difficoltà, guadagneranno ancora meno a causa dei raccolti più bassi e quindi delle vendite più basse. La commissione non capisce che il suo cattivo approccio all'agricoltura porterà gli agricoltori che non riescono più a far quadrare i conti a smettere. Una volta che questo accade, i raccolti più bassi diventeranno ancora più piccoli".

Questo è l'opposto di quello che la commissione dice di voler raggiungere, cioè un'economia e un'agricoltura "sostenibile". Ancora più importante è la questione di dove dovrebbe venire il nostro cibo allora, se gli agricoltori europei non sono più autorizzati a produrne abbastanza. Il Green Deal europeo porterà quindi inevitabilmente a un'agricoltura ancora più inefficiente nei paesi con terreni meno fertili e produttivi.

Cosa c'è di "verde" nel coltivare meno colture su più terra?

Questo potrebbe riempire le pance in un'Europa con meno agricoltori, e forse anche alleviare la coscienza degli attivisti e dei burocrati di Bruxelles. Ma NON aiuterà assolutamente il clima. Il nostro obiettivo dovrebbe essere quello di coltivare più cibo su meno terra. L'approccio dell'UE, guidato non dalla scienza ma dall'ideologia, porterà effettivamente a coltivare meno cibo su più terra. Cosa c'è di "verde" in questo?

Tenete presente che entro il 2050 la popolazione mondiale sarà aumentata di altri 2 miliardi di persone. Anche loro avranno bisogno di mangiare. Sarebbe un bel compito farlo con gli attuali metodi agricoli efficienti, ma si potrebbe ancora fare. L'agricoltura ha dimostrato di essere molto innovativa negli ultimi decenni.

L'UE vede il cittadino come un problema da risolvere

Ma ciò di cui gli agricoltori NON hanno bisogno è un numero ancora maggiore di regole e di restrizioni. Questo sarebbe il colpo finale per molti, e metterebbe in pericolo la sicurezza alimentare in Europa. La cosa peggiore è che il Green Deal europeo sembra assumere che gli agricoltori siano i nemici della conservazione della natura. Ci tratta come un problema da risolvere, piuttosto che come un alleato in una causa comune".

Lavoriamo duramente per essere il più possibile 'verdi'. Nella mia fattoria, produciamo parte della nostra elettricità con pannelli solari. Usiamo il GPS e altre tecnologie per ridurre i nostri sprechi nella fertilizzazione e nel controllo delle erbacce. Piantiamo colture per proteggere il suolo dall'erosione. Piantiamo aiuole per attirare gli insetti che impollinano i raccolti e migliorare la biodiversità".

Il modo migliore per impedire un'innovazione positiva è assicurarsi che gli agricoltori non possano far quadrare i conti. Quindi per gli agricoltori, e per tutti gli altri, il Green Deal europeo è un pessimo affare".

Gli insetti dovrebbero sostituire il consumo di carne alla luce del disastroso e distruttivo "Green New Deal

Una parte del "Green New Deal" dell'UE che distrugge il benessere e la libertà, cavallo di battaglia dell'eurocommissario marxista Frans Timmermans, è ora entrata in vigore. L'Autorità europea per la sicurezza alimentare ha approvato la vendita e il consumo di insetti come cavallette, grilli e vermi della farina per il consumo umano. La dittatura climatica di Bruxelles, cancellando l'allevamento, vuole ridurre drasticamente il consumo di carne nei prossimi anni, e costringere la popolazione a passare a cedole alimentari alternative.

C'è una buona probabilità che avremo il via libera nelle prossime settimane", ha risposto a The Guardian il segretario generale della Piattaforma internazionale degli insetti per il cibo e la nutrizione, Christophe Derrien. Non vede l'ora che arrivi il momento in cui gli insetti saranno sia in vendita singola nei negozi che incorporati in altri prodotti come snack, pasta e hamburger. Il suo argomento: gli insetti sono una buona fonte di proteine, ma la loro produzione "non danneggia il pianeta".

La promozione del consumo di insetti da parte di tutti i tipi di organizzazioni globaliste, istituzioni culturali e media è fatta per preparare la popolazione occidentale a un livello di vita drasticamente più basso, che risulterà dal disastroso "Green New Deal". L'attuazione di questo programma mostruosamente costoso, che porrà fine per sempre alla prosperità accumulata nel dopoguerra, intensificherà la profonda recessione/depressione economica derivante dalle misure della corona.

Questo è anche il motivo per cui l'Economist, portavoce dell'élite internazionale di sinistra-liberale, promuove il consumo di insetti. Tuttavia, la domanda è se qualcuna di queste figure "top", che hanno deliberatamente messo in moto la caduta della nostra società libera, si metterà mai un insetto in bocca (tranne le solite foto di propaganda inscenate). Perché si sa: in ogni dittatura comunista i governanti si sono esentati da tutte le dure misure con cui opprimono la gente comune.

L'accordo di estrema sinistra sul clima verde dell'UE costa alla famiglia più di 5100 euro all'anno

Un "momento da uomo sulla luna per l'UE" si chiama Green climate deal di Frans Timmermans. Le proposte del papa del clima del Politburo dell'UE sono così estreme e folli che il paragone con la luna è davvero corretto. Se solo la metà della dittatura comunista del clima di Timmermans sarà realizzata, andremo tutti figurativamente "sulla luna". L'UE vuole spendere 575 miliardi di euro ogni anno per mettere sottosopra l'intera società e renderla "neutrale per il clima". E chi pagherà per questo? Esattamente, i cittadini. Per abitante € 1280, - all'anno e per famiglia media € 5120, - all'anno. E in cambio otteniamo la graduale distruzione totale della nostra prosperità e libertà.

Derk Jan Eppink ha chiesto recentemente a Bruxelles chi nei prossimi 20 anni dovrebbe pagare gli 11,5 trilioni di euro (tre volte il PIL della Germania) che la distopia climatica di Timmermans costerà. Nessuno gli ha risposto. Presumibilmente, come sempre, sono soprattutto i Paesi Bassi ad essere considerati, perché siamo già i maggiori contribuenti netti dell'UE, e garantiamo, attraverso vari fondi di emergenza, circa 100 miliardi di euro per mantenere a galla il progetto dell'euro finanziariamente fallito.

Il Quarto Reich governerà con il pugno di ferro

A proposito, l'80% delle nostre leggi vengono già da Bruxelles e Strasburgo. Quindi quel quarto "Reich" europeo, o Unione Europea delle Repubbliche Socialiste Sovietiche, in realtà esiste già. Ma dal 2020 in poi, questo Reich comunista governerà davvero con il pugno pesante, il tutto con la scusa del falso "salvare il clima", ma soprattutto per salvare ancora le banche. I grandi nomi di Wall Street stanno avvertendo che la prossima mega-crisi finanziaria, la crisi sistemica di cui abbiamo scritto per anni, è ormai letteralmente sul punto di scoppiare.

Quello che possiamo ancora fare per evitare di perdere tutto è ribellarci in massa, come i contadini ora vogliono fare di nuovo il 18 dicembre. Noi come popolo dobbiamo dire "quando è troppo è troppo", e rompere al più presto con l'élite politica che consapevolmente consegna il nostro paese, la nostra prosperità, la nostra cultura, la nostra libertà e la nostra democrazia a un regime estremista di Bruxelles che ci è palesemente ostile.

Non dite tra 5 anni che non siete stati avvertiti, quando dovrete usare tutto il vostro reddito residuo per sopravvivere del tutto, e questo in case che difficilmente potranno essere illuminate e riscaldate a causa delle tasse climatiche alle stelle. Green Deal europeo = fine della prosperità, fine del welfare, fine della libertà, e benvenuti nella dittatura totalitaria. E tutto in nome di una crisi climatica completamente sballata.

Gli attivisti climatici di Greta Greenpeace vogliono trasformare l'Occidente in moderni Killing Fields

La tendenza sempre crescente in Occidente verso il socialismo comunista e una dittatura del clima ricorda all'economista americano Marin Armstrong il famigerato leader dei Khmer Rossi e assassino di massa Pol Pot, la cui società ideale consisteva in poveri agricoltori di sussistenza con meno denaro, ricchezza e beni possibili. 'Ha abbracciato il marxismo e ha visto la società moderna come il male, qualcosa che sentiamo di nuovo ora nel movimento per il clima'.

Durante i suoi tentativi di sottomettere tutta la Cambogia alle sue idee, da 1,5 a 2 milioni di persone morirono di fame. Gli oppositori del regime di Pot furono torturati e uccisi in massa. Questo disastro umanitario e genocidio, che spazzò via un quarto della popolazione, divenne noto in tutto il mondo come "The

Killing Fields", il titolo di un film britannico del 1984 sui Khmer Rossi.

Le persone che odiano la tecnologia e vogliono costringere il mondo a una vita semplice sono un problema ricorrente", ha continuato Armstrong. Se la Cambogia è stata un altro avvertimento di questo mix di socialismo e clima, il futuro non sembra molto luminoso, dato che dobbiamo continuamente affrontare queste persone più e più volte".

Greenpeace usa Greta per promuovere la propria agenda

Greta Thunberg è allenata da Jennifer Morgan di Greenpeace, che ha viaggiato al World Economic Forum di Davos con Al Gore (creatore del documentario menzognero 'An Inconvenient Truth', totalmente sfatato, a detta di tutti). Greenpeace finanzia Greta, e i suoi donatori consistono in una lunga lista di socialisti. Greta si è presentata due giorni prima delle elezioni in Alberta, Canada, per dire alla gente che a causa del cambiamento climatico devono rinunciare al loro lavoro".

Il fatto che niente di tutto questo arrivi sui media europei è ancora più affascinante. Non sono autorizzati a riferire che Greta è stata reclutata da Greenpeace, o quando è volata in Canada per cercare di influenzare le elezioni".

'Greenpeace ha una lunga storia di violenza, e ora hanno Greta per ottenere più attenzione che mai. Sono strategicamente molto consapevoli che la gente è più propensa ad ascoltare Greta che mai un adulto".

'Greenpeace persegue lo stesso tipo di obiettivo che è stato tentato in Cambogia: ritorno alla vita rurale, fine dei combustibili fossili (=fine della prosperità attuale), riduzione della popolazione e fine del progresso tecnologico. Sono marxisti, proprio come i Khmer rossi, ma preferiscono chiamarsi 'progressisti', quando in realtà vogliono imporre la regressione (declino)".

Così, mentre hanno lanciato un'enorme indagine su come la Russia ha presumibilmente influenzato le elezioni americane (per le quali non c'era ancora uno straccio di prova), non una parola è dedicata a come Greenpeace sta usando Greta per penetrare nei governi, e persino a Davos. Poiché è una bambina, tutti hanno paura di criticarla. Jennifer Morgan non sarebbe MAI stata ammessa a Davos per conto di Greenpeace. Greta è la chiave del mondo. Con Greta, ottengono circa 20 milioni di dollari in donazioni con cui vogliono imporre l'agenda di Greenpeace al mondo".

Greenpeace persegue lo stesso tipo di obiettivo della Cambogia: ritorno alla vita rurale, fine dei combustibili fossili (=fine della prosperità attuale), riduzione della popolazione e fine del progresso tecnologico. Sono marxisti, proprio come i Khmer rossi, ma preferiscono chiamarsi "progressisti", quando in realtà vogliono imporre la regressione (arretratezza).

Così, mentre hanno lanciato un'enorme indagine su come la Russia ha presumibilmente influenzato le elezioni americane (per le quali non c'era ancora uno straccio di prova), non una parola viene detta su come Greenpeace sta usando Greta per invadere i governi, e persino Davos. Poiché è una bambina, tutti hanno paura di criticarla. Jennifer Morgan non sarebbe MAI stata ammessa a Davos per conto di Greenpeace. Greta è la chiave del mondo. Con Greta, ottengono circa 20 milioni di dollari in donazioni con cui vogliono imporre l'agenda di Greenpeace al mondo.

I dati grezzi e inalterati della NASA mostrano ancora una volta chiaramente che non c'è alcuna crisi climatica, il cambiamento annuale di CO_2 sta effettivamente diminuendo piuttosto che aumentare, e il clima sta diventando più freddo. Ora stanno cercando di distorcere tutto per affermare che dopo tutto avevano ragione, e che il freddo estremo è il risultato della CO_2, quando non ci sono prove di questo. Questo non è scientifico", commenta Armstrong.

'Stanno solo mentendo su questa tendenza, per far passare il loro programma di controllo della popolazione'. Armstrong è stato ospite della Casa Bianca ad una cena con tutti i principali gruppi ambientalisti negli anni '90. 'Hanno ammesso che il loro obiettivo è la riduzione della popolazione. Il CO_2 è usato

47

per portare avanti la stessa agenda, che è una totale assurdità... Queste persone sono disoneste, pericolose e determinate a distruggere la rivoluzione industriale. Vogliono rimandarci all'età della pietra, e oltre a fermare il riscaldamento (in NL tagliando il gas) e l'aria condizionata, e fare il lavaggio del cervello alle ragazze per non avere figli, vogliono anche eliminare le automobili e gli aerei".

Non sarebbe così male se questa ideologia socialmente e umanamente ostile fosse sposata solo da una piccola setta climatica estremista di sinistra. Tuttavia, questa setta è riuscita a penetrare nei più alti livelli di tutti i governi, parlamenti e istituzioni (governative) occidentali, e ora ha iniziato sul serio a distruggere la nostra prosperità e benessere passo dopo passo, con l'obiettivo finale di eliminare milioni di deboli e "dissidenti" che si rifiutano di sottoscrivere o attuare questa agenda climatica comunista.

Capitolo 8: Combustibili fossili

Il "Green New Deal" dell'astro nascente democratico Ocasio-Cortez significa "lo sradicamento di tutta la vita sulla terra" - "Se i combustibili fossili sono vietati ogni albero sulla terra sarà abbattuto

Il Dr. Patrick Moore, co-fondatore di Greenpeace, si è scagliato duramente contro Alexandria Ocasio-Cortez, la nuova beniamina della sinistra 'progressista' in America. La "socialista democratica" ha presentato un "New Deal verde" che costerà decine di miliardi di dollari e, secondo numerosi critici, riporterà gli Stati Uniti in una società preindustriale. Moore ha twittato che trova Ocasio-Cortez un "ipocrita" e un "pomposo imbecille" perché attuare la sua richiesta di abbandonare i combustibili fossili - cosa che l'amministrazione europea ha già iniziato a fare con l'arresto del gas naturale - causerà "morti di massa".

Moore ha rotto con la "sua" Greenpeace anni fa dopo che il movimento ambientalista è stato preso dall'interno dagli anarchici di estrema sinistra, di cui Ocasio-Cortez è un esempio.

Sbarazzarsi di tutti gli aerei e le auto

Il "Green New Deal", la versione della sinistra verde dell'Accordo sul clima in overdrive, vuole che gli Stati Uniti rompano completamente con il petrolio, il gas e l'energia nucleare. I viaggi aerei devono essere sostituiti da treni (anche attraverso gli oceani), e il 99% di tutte le automobili devono scomparire.

Come al solito, naturalmente, con l'eccezione dell'élite al potere. Il New York Post, per esempio, riporta che la stessa Ocasio ha una gigantesca "impronta di carbonio", in parte perché il suo team di campagna usa quasi esclusivamente auto a benzina normali. Lei stessa ha preso l'aereo 66 volte tra maggio 2017 e dicembre dello scorso anno, rispetto alle sole 18 volte in treno, al quale, se fosse per lei, tutte le persone sarebbero presto obbligate a passare.

Il denaro socialista preme per l'alloggio gratuito

Oltre a questo, ogni edificio negli Stati Uniti dovrà essere completamente modificato o addirittura ricostruito per soddisfare requisiti climatici molto rigorosi. Cortez vuole finanziare milioni di posti di lavoro nel governo a questo scopo. Quelli che non vogliono lavorare, tra l'altro, saranno autorizzati a stare a casa completamente pagati e non dovranno nemmeno più pagare le spese di sostentamento. Ma chi lo vorrebbe?

Come pensa "AOC" di pagare la sua utopia verde? Semplice: semplicemente accendendo le presse del denaro, che è l'unico modo per finanziare i suoi piani draconiani ed estremamente costosi. Il fatto che questo socialismo ha portato alla povertà diffusa e alla miseria in tutto il mondo nel corso della storia non dovrebbe essere un nome, perché "ci riusciremo questa volta", ha detto Cortez in una precedente intervista.

Questo piano significa lo sradicamento di tutta la vita.

Il Green New Deal afferma addirittura che tutti i gas serra devono essere rimossi dall'atmosfera. La risposta di Moore: 'Tecnicamente (scientificamente) questo significa rimuovere tutto il vapore acqueo e tutta la CO2, il che significa l'estinzione di tutta la vita. Geniale".

AOC ha poi scritto che "se non vi piace l'accordo, dovreste semplicemente presentare una vostra proposta ambiziosa per risolvere la crisi climatica globale. Fino ad allora, noi siamo al comando e voi state solo gridando da bordo campo".

A cui Moore ha replicato con fermezza: "Babbeo di alto livello. Non hai nessun piano per nutrire 8 miliardi di persone senza combustibili fossili o per portare il cibo nelle città. Cavalli? Se i combustibili fossili sono vietati, allora ogni albero sulla terra sarà abbattuto per il combustibile per cucinare e riscaldare. Voi causerete una mortalità di massa... Non sei altro che un vecchio ipocrita, come tutti gli altri, e hai ZERO competenza in qualsiasi area su cui pretendi di poter dire qualcosa.

In una risposta successiva a un tweet di un altro fanatico del clima che sosteneva che "la fine dei combustibili fossili è inevitabile", Moore ha scritto: "State soffrendo di delusioni se pensate che i combustibili fossili scompariranno presto. Forse tra 500 anni. L'atteggiamento di AOC è irresponsabile e condiscendente. È una neofita che finge di essere intelligente. La sua razza, se messa in carica, ci porterà alla rovina".

Capitolo 9: Compost umano

È tempo di ottimismo: La Terra è ancora molto vuota, c'è abbastanza energia e denaro, e possiamo usare molta più CO2.

Uscito nel 1973, il film Soylent Green è considerato uno dei maggiori classici della fantascienza, e ha vinto diversi premi. Il film parla dell'anno 2022, in cui la terra è afflitta dalla sovrappopolazione e ci sono 40 milioni di persone che vivono a New York. Il cibo ordinario è scarso ed estremamente costoso, così come l'acqua pulita. La gente comune mangia un prodotto industriale chiamato Soylent (Soia dalla soia, Quaresima dalle lenticchie). Delle tre varietà, Soylent Green è la migliore. Durante un'indagine per omicidio, un poliziotto e il suo compagno di stanza fanno la scioccante scoperta che il Soylent Green è fatto con corpi umani. Questo quadro dell'orrore sta lentamente diventando una realtà, dato che il primo impianto di compostaggio umano al mondo ha aperto quest'anno negli Stati Uniti.

"Con il sudore della tua faccia mangerai il pane, finché tu ritorni alla terra, perché da essa sei stato tratto; perché tu sei polvere e in polvere ritornerai. (Genesi 3:19)

Quando arriva il tuo momento, noi in Occidente abbiamo due opzioni per i nostri resti mortali: sepoltura o cremazione, ha scritto Science Alert nel dicembre

53

2019. Che ora è stato affiancato da un "rituale alternativo unico": il compost.

Riciclaggio

La prima struttura per trasformare i cadaveri in compost è stata costruita a Seattle. Il processo è pubblicizzato come "compostaggio", "decomposizione organica naturale" e persino "vita dopo la morte".

La fondatrice Katrina Spade ha chiamato la legge, che è entrata in vigore nel maggio 2020 e ha reso legale il "compostaggio" dei corpi umani, una "rivoluzione funeraria" verde. Il sito web di Recompose afferma che "i corpi sono coperti da trucioli di legno ed esposti all'aria, creando un ambiente perfetto per microbi naturali e batteri benefici. In 30 giorni, il corpo è completamente trasformato, creando un terreno che può essere utilizzato per far crescere nuova vita.

I parenti più stretti sono incoraggiati dall'azienda a usare un po' di questo compost umano nei loro giardini. Pomodoro di Nonna: la zuppa di pomodoro della nonna del suo giardino assume una dimensione molto letterale....

Secondo Recompose, il compostaggio sarebbe più ecologico della sepoltura, e certamente della cremazione, perché bruciare un cadavere rilascia CO_2. Optando per il compostaggio si risparmierebbe una tonnellata di CO_2, e si eliminerebbe anche la necessità di mettere da parte terreni per i cimiteri. Costo di questo funerale: 5500 dollari.

La trasformazione dei resti umani in compost per coltivare cibo si avvicina al sinistro futuro abbozzato nel film - visivamente, per inciso, molto datato - Soylent Green, anche se naturalmente i corpi morti non sono ancora usati direttamente per la produzione di cibo.

Oltre a una forma agghiacciante e fredda di cannibalismo, il film di quasi mezzo secolo fa mostra anche una forma cerimoniale di eutanasia, in cui le persone vengono uccise - anche forzatamente - per il 'bene' della società. Appena prima di ricevere l'iniezione - eufemisticamente presentata come "andare a casa" - viene loro mostrato un filmato sulla Terra di un tempo, su come tutto era bello allora.

Soprattutto dal 2020, abbiamo visto che con le misure coronali, la de-umanizzazione degli esseri umani e dell'umanità ha accelerato. Nel migliore dei casi, le persone sono viste come prodotti da collegare a un sistema di controllo digitale globale utilizzando tecnologie come il 5G e le vaccinazioni. In effetti, una parte significativa del movimento internazionale per il clima vede apertamente gli esseri umani come un peso e una maledizione, il che potrebbe essere un trampolino di lancio spaventoso per razionalizzare le politiche governative misantropiche, e alla fine giustificare e condonare il genocidio di massa, in qualsiasi modo esso venga effettuato.

55

È tempo di ottimismo: La Terra è vuota, l'energia e il denaro sono abbondanti

La gente ha dato per scontato l'idea che la terra sia "sovrappopolata" e che le risorse naturali siano "scarse" grazie a una propaganda incessante. Tuttavia, numerose previsioni precedenti su questo non si sono mai avverate. Il famigerato Club di Roma negli anni '70 aveva previsto una massiccia crisi globale di energia, cibo e risorse nell'anno 2000, ma niente di tutto ciò si è avverato.

È il momento, quindi, di una visione ottimistica del futuro. La realtà è che la Terra è ancora molto vuota. Basta guardare le foto dallo spazio - le tracce della presenza umana sono ancora appena riconoscibili, tranne che per una manciata di aree urbane densamente popolate. Con le moderne tecnologie e più CO_2 (i cui livelli nell'atmosfera sono ancora storicamente, quasi pericolosamente bassi*), gigantesche aree vuote come la Siberia e il Sahara possono essere trasformate in zone fertili e vivibili, dove miliardi di persone possono vivere. Il denaro è abbondante, almeno se l'umanità decide finalmente di usare i trilioni annuali spesi in armi e guerre per scopi più utili.

C'è abbondanza di energia disponibile, anche per decine di miliardi di persone - specialmente se il rapido sviluppo delle centrali a torio e a fusione nucleare è

pienamente implementato. Supponendo che queste
diventino commercialmente fattibili intorno al 2050, ci
sarà ancora più che abbastanza gas, petrolio, carbone,
uranio e plutonio per i prossimi 30 anni per soddisfare
la domanda di energia in rapida crescita. Anche dopo, le
fonti "fossili" saranno in grado di fornire energia
economica e affidabile per molto tempo a venire.

**L'Occidente moderno ci sta portando proprio verso un
futuro scarso e buio senza libertà**

La tendenza guidata dall'Occidente, invece, è
esattamente l'opposto; spinti dalla paura e dalla
misantropia al limite della negatività, vogliono rendere
l'energia scarsa, inaffidabile e costosa (solare ed eolica),
proprio come il cibo e l'acqua, ed è per questo che lo
stato, l'UE, l'ONU e i globalisti come Bill Gates stanno
ora cercando di mettere le mani su tutti i terreni
agricoli. Quelli che sopravviveranno alle molte crisi, che
diventeranno inevitabili nei prossimi decenni a causa di
queste politiche, dovranno vivere come schiavi senza
alcuna forma di libertà e autodeterminazione, e con
solo una frazione della prosperità di oggi, sotto il giogo
di una dittatura tecnocratica dura come la roccia.

Il vecchio ordine sta ora cercando di prendere il potere
totale attraverso il 'Grande Reset' (/ 'Build Back Better'),
'Agenda 2030', il 'Green New Deal' e le campagne di
vaccinazione Covid-19, e quindi realizzare questo futuro
oscuro. Eppure possiamo ancora sfuggirvi; basta un
risveglio di massa, una resistenza pacifica di massa, un

NO di massa. Vogliamo un altro 'Grande Reset', uno in cui l'attuale ordine dominante sia effettivamente rimosso e perda il suo potere, e la gente comune sia finalmente autorizzata a decidere da sola come dovrebbe essere la propria salute e il proprio futuro, e quello del proprio villaggio, città, paese, popolo, società, economia e cultura.

I nostri altri libri

Dai un'occhiata ai nostri altri libri per altre notizie non riportate, fatti esposti e verità sfatate, e altro ancora.

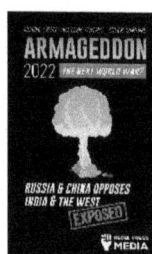

Unisciti all'esclusivo Rebel Press Media Circle!

Riceverai nella tua casella di posta elettronica ogni venerdì un nuovo aggiornamento sulla realtà non raccontata.

Iscriviti qui oggi:

https://campsite.bio/rebelpressmedia

Lightning Source UK Ltd.
Milton Keynes UK
UKHW020805150222
398721UK00011B/724